Am Ganges in Varanasi

In den Arabischen Emiraten

In Nordrußland

In Kalimantan (Borneo)

Asien hat viele Gesichter

Wir begrüßen einen fernen Nachbarn

Obwohl Europa genau genommen nur ein Anhängsel an den Riesenkontinent Asien ist, erscheint uns Europäern Asien nicht als ein benachbarter Erdteil, sondern als eine eigene ferne Welt. Asien – das sind für uns fremde Menschen und vielfältige Kulturen. Lernen wir, sie kennenzulernen, zu verstehen und zu respektieren.

|1| *Wie nennt man die zusammenhängende Landmasse bestehend aus Europa und Asien?*

Eurasien

|2| *Nur aus geschichtlichen Gründen werden Europa und Asien als zwei Erdteile betrachtet. Als Grenze zwischen beiden faßt man ein Gebirge und einen gleichnamigen Fluß auf. Wie heißen sie?*

Ural

|3| *Schneide die Fotos von der Aktionsseite 27 aus und klebe sie zur richtigen Bildunterschrift.*

In Shanghai

Himalaya im Hochland von Tibet

Asien – Kontinent der Rekorde

Wir lernen Asiens Superlative kennen

Asien nimmt unter den Kontinenten eine besondere Stellung ein: es ist zugleich die größte Landmasse der Erde und auch der Kontinent mit den meisten Einwohnern. Aber nicht nur das: Asien ist in der Tat ein Kontinent der Rekorde.

1 Kreuze an, welche der fogenden Aussagen über Asien zutreffen.

☒ a) Asien als der größte Kontinent nimmt fast ein Drittel der Landfläche der Erde ein.

☒ b) Von allen Kontinenten besitzt Asien die größte Küstenlänge.

☒ c) Zu Asien gehören gleichzeitig die höchste Erhebung und die tiefste Meeresstelle der Erde.

☒ d) In Asien liegen das größte und höchste Hochland der Erde, aber auch die größten Tiefländer.

☒ e) Alle 14 Achttausender, die es auf der Erde gibt, ja sogar alle Berge, die 7000 m Höhe übertreffen, liegen in Asien.

☒ f) Asien erstreckt sich über 11 Zeitzonen – auch das ist Weltrekord.

☒ g) *In keinem Erdteil gibt es so weit vom Meer entfernte Gebiete: 2600 km Entfernung sind es von der Wüste Dsungarei zum Meer.*

☒ h) *Asien ist ein zentral gelegener Kontinent, er ist der einzige, der an alle drei Ozeane angrenzt.*

☒ i) *Asien besitzt die meisten aktiven Vulkane der Erde.*

☒ j) *Durch die gewaltige Ausdehnung und die extremen Höhenunterschiede hat Asien Anteil an allen Klimazonen.*

☒ k) *Asien weist unter allen Kontinenten die größten Temperaturunterschiede auf.*

☒ l) *Von allen Erdteilen erhält Asien die meisten Niederschläge. In Asien liegt auch der regenreichste Ort der Erde.*

☒ m) *In Asien leben fast zwei Drittel der Erdbevölkerung.*

☒ n) *Asien weist die meisten Millionenstädte auf.*

☒ o) *Auch kulturell hat Asien einiges zu bieten: so ist es zum Beispiel der einzige Erdteil, in dem alle Weltreligionen vorkommen, ja sogar hier ihren Ursprung haben.*

☒ p) *Asien ist der Kontinent der ältesten Staatengründungen.*

2 *Aber Asien weist noch viel mehr erstaunliche Superlative auf. Weitere Beispiele enthält das Zahlenrätsel. Fülle es aus, dabei bedeuten gleiche Zahlen auch gleiche Buchstaben.*

1 Der größte Ballungsraum der Erde
2 Der höchste Berg der Erde
3 Dies ist die größte Halbinsel
4 In dieser ehemals britischen Kolonie werden die höchsten Bevölkerungsdichten der Welt erreicht
5 Die einzige Stadt, die auf zwei Kontinenten liegt
6 Zusammen mit dem Brahmaputra bildet dieser Fluß das größte Delta der Erde
7 Das größte und höchste Hochland
8 Der tiefste See der Erde
9 Die größte Insel Asiens
10 Das zweithöchste Gebirge der Erde
11 Das zweitgrößte Land der Erde (gemessen an der Einwohnerzahl)
12 Hier liegt das meerfernste Gebiet
13 Das Land mit den meisten Einwohnern
14 Das höchste Gebirge
15 Die zweitgrößte Halbinsel der Erde
16 In diesem Tiefseegraben findet sich die größte Meerestiefe
17 Der größte See der Erde
18 Der einzige Stadtstaat in Asien
19 Der am stärksten schrumpfende See (von Menschen verursacht).
20 Dieser Staat gehört zu den am dünnsten besiedelten Ländern der Erde.
21 Hier liegt das größte Tiefland
22 So bezeichnet man das größte Nadelwaldgebiet
23 Das größte Bauwerk der Erde, zugleich das einzige, das vom Weltraum aus sichtbar ist
24 Das Land mit der größten Fläche

Die fett umrandeten Buchstaben nennen von oben nach unten gelesen einen weiteren Rekordhalter: die längste Eisenbahnstrecke der Welt.

Zahlenrätsel

1 TOKYO
2 MOUNT EVEREST
3 ARABIEN
4 HONGKONG
5 ISTANBUL
6 GANGES
7 TIBET
8 BAIKALSEE
9 KALIMANTAN
10 KARAKORUM
11 INDIEN
12 DSUNGAREI
13 CHINA
14 HIMALAYA
15 VORDERINDIEN
16 MARIANEN
17 KASPISCHES MEER
18 SINGAPUR
19 ARALSEE
20 MONGOLEI
21 WESTSIBIRIEN
22 TAIGA
23 CHINESISCHE MAUER
24 RUSSLAND

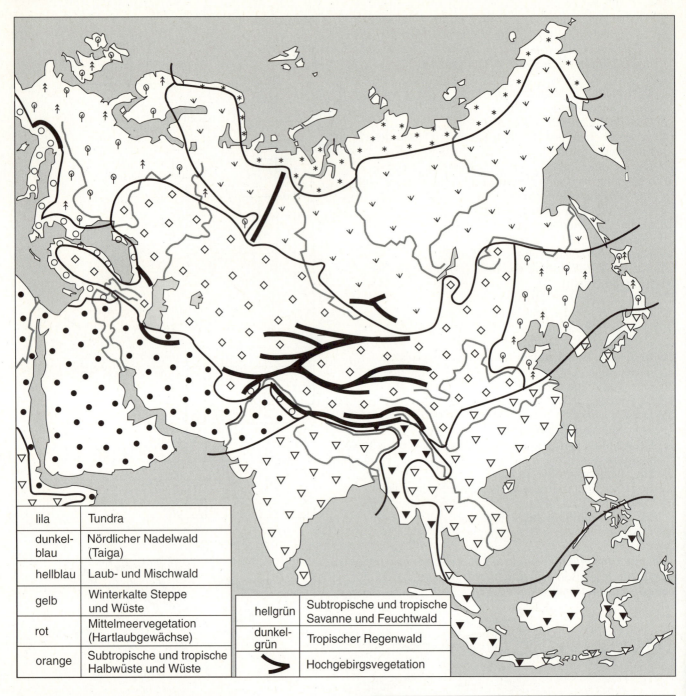

lila	Tundra
dunkelblau	Nördlicher Nadelwald (Taiga)
hellblau	Laub- und Mischwald
gelb	Winterkalte Steppe und Wüste
rot	Mittelmeervegetation (Hartlaubgewächse)
orange	Subtropische und tropische Halbwüste und Wüste

hellgrün	Subtropische und tropische Savanne und Feuchtwald
dunkelgrün	Tropischer Regenwald
⟩	Hochgebirgsvegetation

Asien – vom Regenwald zur Tundra

Wir erfahren von klimatischen Gegensätzen

Der Riesenkontinent Asien zeichnet sich durch große klimatische Gegensätze aus: er reicht von der Tropenzone im Süden über die Subtropen- und die Gemäßigte Zone bis zur Kalten Zone im Norden. Dementsprechend sind vom tropischen Regenwald bis zur kalten Tundra praktisch alle Vegetationszonen der Erde auch in Asien vertreten.

1 *Die Karte gibt einen Überblick über die Vegetationszonen. Färbe sie entsprechend der Anleitung aus.*

2 *Kannst du erkennen, zu welchen Vegetationszonen die Materialien M1 bis M27 gehören? Ordne sie in den Kasten unten ein.*

Tundra	Nördlicher Nadelwald
M 7 8 23	M 9 13 17 18
Laub- und Mischwald	Winterkalte Steppe und Wüste
M 12 24 27	M 1 2 15 19 22 26
Mittelmeervegetation	Subtropische und trop. Halbwüste und Wüste
M 10	M 16 25
Subtrop. und trop. Savanne und Feuchtwälder	Tropischer Regenwald
M 14 20 21	M 3 4 5 6 11

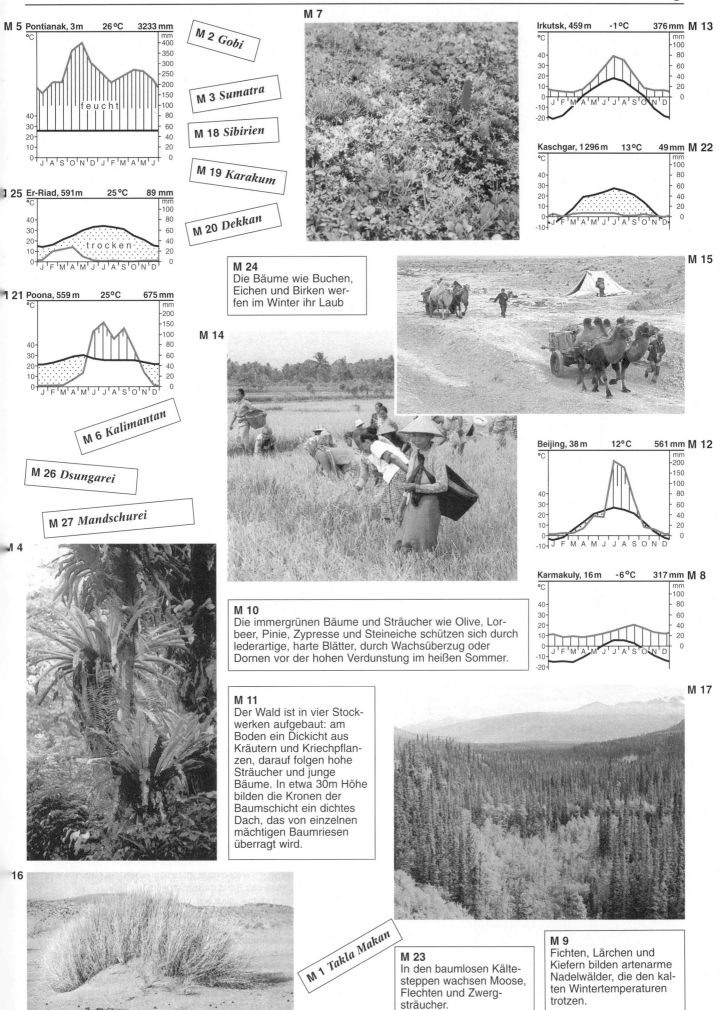

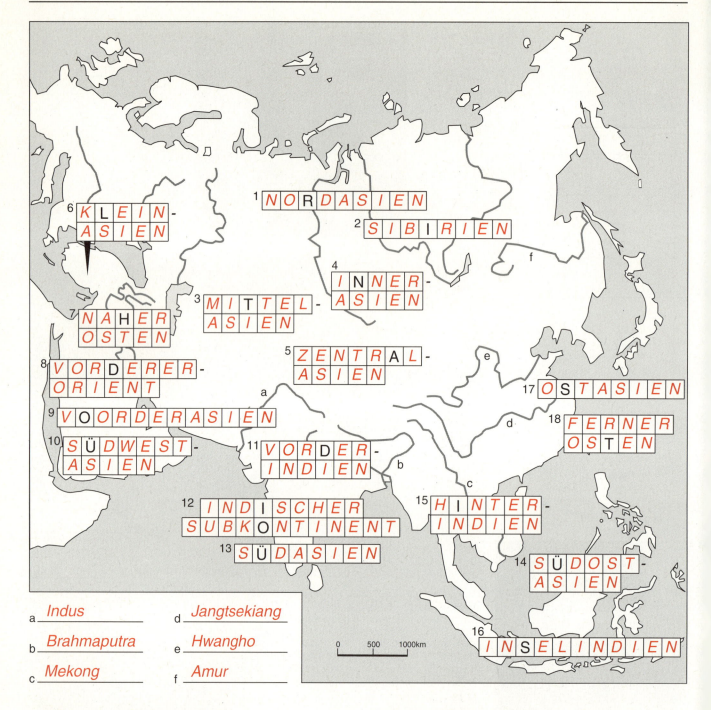

Asien – ein Kontinent, aber fünf Kulturerdteile

Wir untergliedern Asien

Die große Vielfalt Asiens zeigt sich auch bei seinen Menschen, ihren Völkern, Sprachen, Kulturen und Religionen.

[1] *Versuchen wir aber zunächst, den Kontinent zu gliedern. Das ist nicht so einfach, weil in Büchern, Zeitungen und im Fernsehen oft unterschiedliche Bezeichnungen für die einzelnen Teile Asiens verwendet werden.*
Trage in die Schriftfelder der Karte folgende Begriffe ein:
Ferner Osten – Hinterindien – Indischer Subkontinent – Innerasien – Inselindien – Kleinasien – Mittelasien – Naher Osten – Nordasien – Ostasien – Sibirien – Südasien – Südostasien – Südwestasien – Vorderasien – Vorderer Orient – Vorderindien – Zentralasien

[2] *Zur Orientierung: Schreibe auf, wie die Flüsse a–f heißen.*

[3] *Welchen Teilräumen sind die folgenden Staaten zuzurechnen?*

Japan	Ostasien
Indonesien	Südostasien
Israel	Südwestasien/Naher Osten
Bangla Desh	Südasien/Vorderindien
Philippinen	Südostasien
Saudi-Arabien	Südwestasien/Vorderasien

Orientalischer Kulturerdteil	grün
Indischer Kulturerdteil	orange
Südostasien	blau
Ostasien	gelb
Russischer Kulturerdteil	rot

In Asien entstanden schon sehr früh Hochkulturen. Weil aber die kulturelle Entwicklung in den verschiedenen Teilen des Kontinents sehr unterschiedlich verlief, teilt man Asien sogar in fünf verschiedene Kulturerdteile ein.

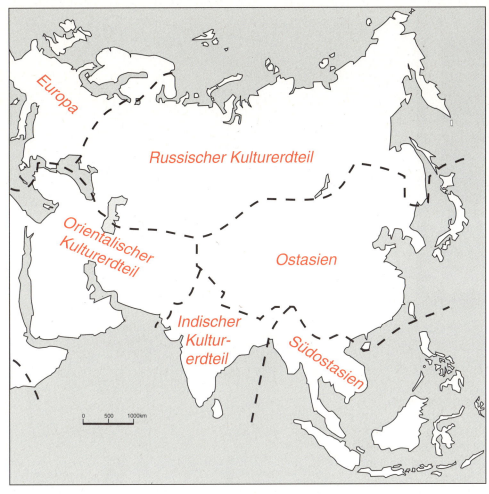

D

N

I

4 Färbe die Kulturerdteile entsprechend der Zeichenerklärung in der Karte aus.

5 Aus welchen Kulturerdteilen stammen die Fotos? Schreibe hier den zugehörigen Buchstaben auf. Das Lösungswort nennt einen Angehörigen der in Indien vorherrschenden Religion.

- **H** Orientalischer Kulturerdteil
- **I** Indischer Kulturerdteil
- **N** Südostasien
- **D** Ostasien
- **U** Russischer Kulturerdteil

Aufgelesen

Kinder-Geld

PEKING. China will seiner Bevölkerungsexplosion durch eine neue Besteuerungspraxis Herr werden. Wie die für Familienfragen zuständige stellvertretende Ministerpräsidentin Chen Muha in der Pekinger „Volkszeitung" erklärte, werden bald von Familien mit mehr als zwei Kindern Sonderabgaben erhoben.

Teures zweites Kind

PEKING. Schanghei, die mit über zwölf Millionen Einwohnern größte chinesische Stadt, wird vom 1. August an die Strafen für Paare, die ein zweites Kind bekommen, dramatisch erhöhen. Die Strafe soll dann das dreifache des Jahreseinkommens des Paares betragen. In den meisten Regionen Chinas beträgt die Strafe bisher zehn Prozent des Jahreseinkommens. Mit dem Prinzip der Ein-Kind-Ehe versucht China die Überbevölkerung in den Griff zu bekommen.

Rhein-Zeitung vom 1.8.90

Von einer lautlosen Explosion

Wir vergleichen die Bevölkerungsentwicklung in China und Indien

Briefmarken zeige oft schöne Motive wie Tiere, Blumen oder Bauwerke. Diese hier aus Indien verfolgt einen ganz anderen Zweck: sie macht Werbung.

[1] *Erkennst du, wofür hier geworben wird?*

Für Familienplanung

(Zwei-Kind-Familie)

[2] *Wie die Zeitungsmeldung zeigt, weist die Politik in China das gleiche Ziel auf wie in Indien. Erkläre den Unterschied beim Kindergeld in Deutschland und in China.*

In Deutschland erhalten Familien Kindergeld als Unterstützung, "Kindergeld" in China dagegen ist eine Strafe für Ehepaare, die sich nicht an die Ein-Kind-Politik halten.

[3] *Um zu begreifen, warum man so intensiv für Familienplanung wirbt oder sogar ein zweites Kind mit Strafe belegt, zeichnest du am besten Kurvendiagramme zur Bevölkerungsentwicklung in China und Indien.*
Trage dazu, wie im Beispiel für China gezeigt, die Einwohnerzahlen ein.

Wandplakate rufen die Bevölkerung Indiens in verschiedenen Sprachen zur Teilnahme an der Familienplanung auf

Bevölkerungsentwicklung (Einwohner in Mio.)

	China	Indien
1900	425	238
1930	420	278
1950	560	361
1960	662	439
1970	790	548
1980	1000	685
1990	1134	846
1995	1216	919

Vorausschätzung bei ungebremster Entwicklung

	China	Indien
2000	1239	1018
2010	1350	1256

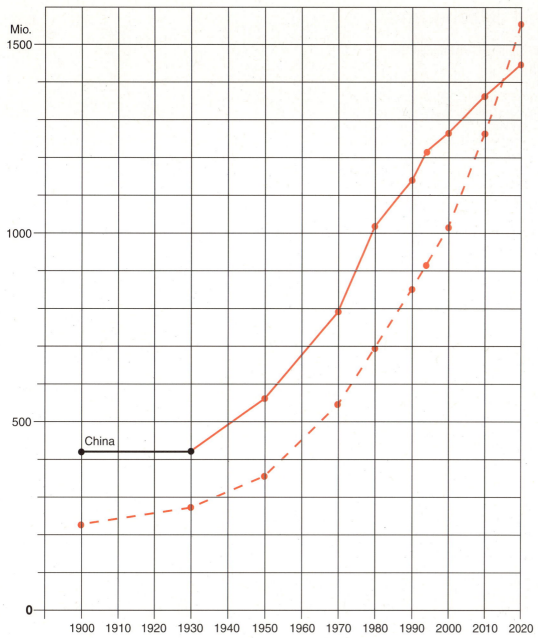

Einwohnerzahlen zum Vergleich:	
Deutschland	81.000.000
Österreich	7.900.000
Schweiz	7.000.000
Niederlande	15.300.000
Schweden	8.700.000
Australien	17.600.000

Statistiken weisen aus, daß das Bevölkerungswachstum in Indien 2,1% beträgt, d. h. auf je 100 Inder kommen jährlich 2,1 hinzu bzw. auf je 1000 Inder 21. Dieser Wert erscheint sehr niedrig, ist aber in Wirklichkeit viel zu hoch! Das kann man nur verstehen, wenn man das Anwachsen der Bevölkerung pro Jahr ausrechnet.

4 *Führe die Rechnung mit dem Taschenrechner aus.*

$920.000.000 \times \frac{2,1}{100} =$ **19.320.000**

5 *Chinas Bevölkerungswachstum beträgt nur 1,4%. Rechne wieder aus, wie stark die Bevölkerung jährlich zunimmt.*

$1.220.000.000 \times \frac{1,4}{100} =$ **17.080.000**

6 *Vergleiche das jährliche Anwachsen der Bevölkerung Indiens und Chinas mit den Einwohnerzahlen der Länder in der Tabelle oben.*

Es kommen jedes Jahr mehr Menschen hinzu als die Niederlande oder Australien Einwohner haben bzw. doppelt so viele wie in Österreich, der Schweiz oder in Schweden leben.

Und alle diese Menschen wollen mit Nahrung, Wohnung, Ausbildung und Arbeit versorgt werden!

Vom grünen und gelben China

Wir erarbeiten die natürlichen Grundlagen der chinesischen Landwirtschaft

Die Landwirtschaft Chinas muß ein Milliardenvolk vor dem Hunger bewahren. Das ist gar nicht so einfach, denn wenn man die Landesnatur Chinas näher betrachtet, so stellt man fest, daß große Teile des Landes für den Ackerbau wenig geeignet sind.

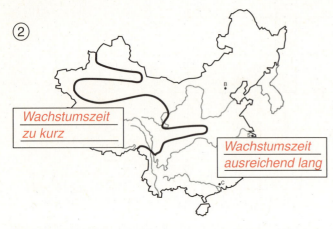

1 Nutze deinen Atlas als Informationsquelle: suche zur Lösung der folgenden Aufgaben möglichst selbständig passende Karten.
a) In Karte 1 ist China in zwei Teile geteilt. Färbe den Teil gelb, der für Landwirtschaft zu trocken ist, den feuchteren Teil grün. Beschrifte beide Teile.
b) Färbe in Karte 2 die Gebiete gelb, in denen die Sommer und damit die Wachstumszeit zu kurz sind, die Gebiete mit ausreichend langer Wachstumszeit grün. Beschrifte wieder die beiden Teile.
c) Karte 3 geht auf die Höhen ein. Färbe die Gebiete gelb, die höher als 1.000 m über dem Meeresspiegel liegen, die übrigen grün.
d) Klima und Relief bewirken eine sehr unterschiedliche Nutzung des Landes. China läßt sich damit in zwei Hälften teilen, die den Gegensatz von Leere und Überbevölkerung wiedergeben. Färbe in Karte 4 die nutzbare und dicht besiedelte Hälfte grün, die kaum genutze und fast unbesiedelte gelb.
e) Genau genommen läßt sich China aber in vier Teile aufteilen (Karte 5). Ordne den vier Teilen folgende Anbaupflanzen zu: Reis – Baumwolle – Weizen – Hirse – Tee – Sojabohnen – Zuckerrohr – Mais – Hochgebirgsweiden – Oasenkulturen – Weidewirtschaft.

2 Fassen wir zusammen: die chinesische Landwirtschaft muß wegen der Ungunst großer Teile des Landes auf 7% der Weltackerfläche über 20% der Weltbevölkerung ernähren! Färbe die angegebenen Anteile in den Diagrammen aus.

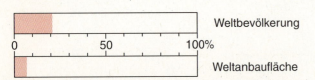

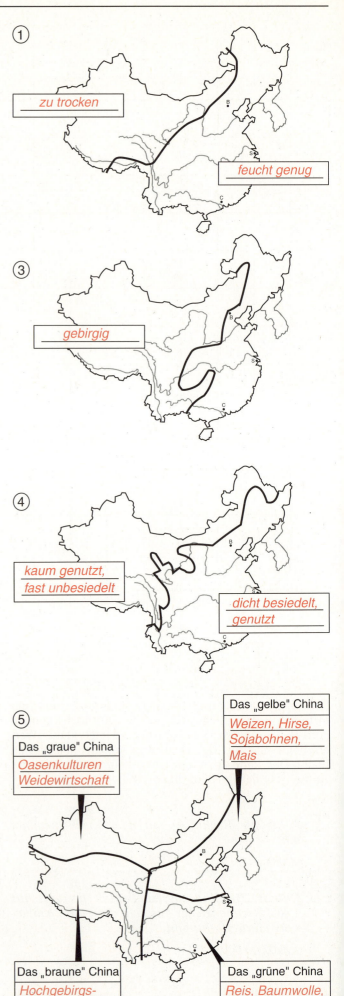

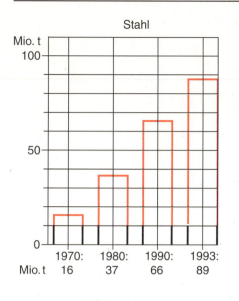
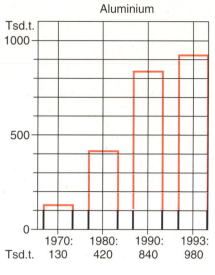
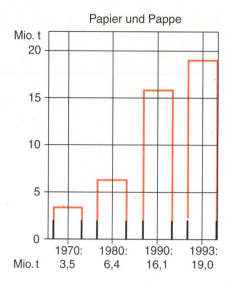

Vom großen Sprung nach vorn

Wir fragen nach den Fortschritten der chinesischen Industrie

China möchte aus eigener Kraft den Wandel zum modernen Industrieland vollziehen. Wieweit man dabei schon vorangekommen ist, zeigen die Produktionszahlen der chinesischen Industrie.

[1] *Veranschauliche die Zahlen durch Säulendiagramme.*

[2] *Doch wächst die chinesische Industrie nicht nur, sondern sie verändert sich auch in großem Maße. Es wurden Reformen durchgeführt. Vor allem aber gestattete man ausländischen Firmen, sich in China niederzulassen.*
Erkläre anhand des Textes, wie man schrittweise bei der Öffnung nach außen vorgegangen ist.

Die wirtschaftliche Öffnung begann 1980 mit der Schaffung von 5 Sonderwirtschafts-Zonen. Ab 1984 wurden die küstennahen Gebiete geöffnet. Seit 1990 greift die Öffnung auf das Landesinnere und die Grenzgebiete über.

Das Gefüge der Öffnung nach außen

Um der Reform und Öffnung nach außen und der wirtschaftlichen Entwicklung zu entsprechen, hat China seit 1980 fünf wirtschaftliche Sonderzonen eingerichtet. 1984 wurden 14 Küstenstädte in größerem Ausmaß nach außen geöffnet. Ab 1985 wurden weiterhin das Delta des Jangtsekiang, das Delta des Zhujiang (Perlfluß) sowie weitere küstennahe Gebiete zu wirtschaftlichen Öffnungszonen erklärt. So entstand an der chinesischen Küste eine Wirtschaftsöffnungszone. 1990 hat die chinesische Regierung beschlossen, mehrere am Jangtsekiang gelegene Städte zu öffnen. 1992 beschloß die Regierung, 13 Grenzstädte und die Hauptstädte aller Provinzen und autonomen Gebiete im Landesinneren zu öffnen; ferner wurden zahlreiche Entwicklungszonen errichtet. So entstand ein nach allen Himmelsrichtungen geöffnetes Gefüge, in dem die Öffnung der Küstengebiete, des Gebiets entlang des Jangtsekiangs, der Grenzgebiete und des Landesinneren miteinander verbunden sind.

Nach: China, Neuer-Stern-Verlag, Peking 1995

[3] *Die Karte zeigt wichtige Industriestädte, auch Flüsse und Landschaften. Trage die Namen ein.*

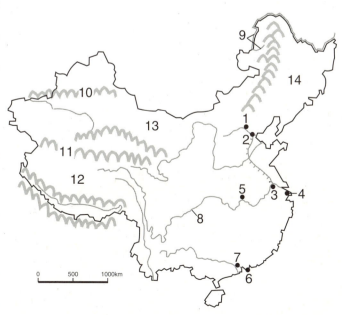

1	Beijing	8	Jangtsekiang
2	Tianjin	9	Amur
3	Nanjing	10	Tianshan
4	Shanghai	11	Kunlunshan
5	Wuhan	12	Tibet
6	Hongkong	13	Gobi
7	Guangzhou	14	Mandschurei

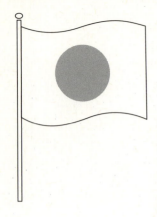

Von einer fleißigen Landwirtschaft

Wir untersuchen Japans Naturraum

Die Zeichnung zeigt eine Landschaft, wie sie für Japan typisch ist. Versuchen wir einmal herauszustellen, was die Besonderheiten dieser Landschaft sind.

1. *Kennzeichne dazu die unterschiedlichen Nutzungsbereiche verschiedenfarbig. Verwende rot für die Siedlungs- und Verkehrsflächen, grün für naturnahe Bereiche; die Schnee- und Eisfläche lasse weiß.*

2. *Bei der Bearbeitung der Zeichnung ist dir sicher aufgefallen, daß kaum landwirtschaftliche Nutzflächen zu erkennen sind. Den Grund für ihr Fehlen kannst du aber der Zeichnung entnehmen. Schreibe ihn hier auf:*

   Das Land ist vorwiegend gebirgig

   mit steilen Hängen, Ebenen

   sind schmal und küstennah.

3. *Beschäftigen wir uns mit dem Naturraum Japans genauer, der so ganz anders ist als unserer. Lies dazu aus den Diagrammen und Materialien die Antworten auf die folgenden Fragen ab.*

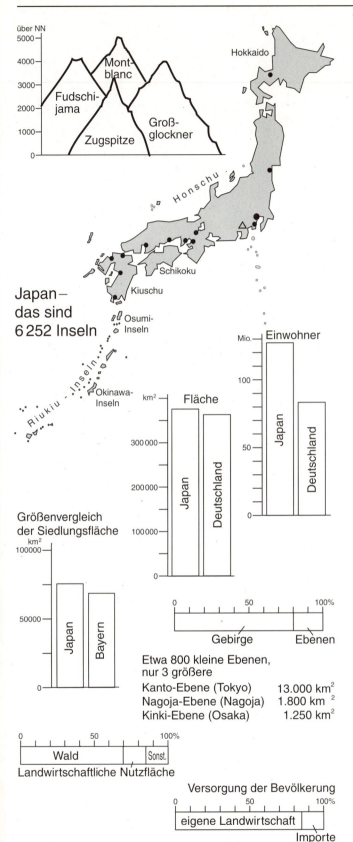

Japan – das sind 6 252 Inseln

Größenvergleich der Siedlungsfläche

Landwirtschaftliche Nutzfläche

Etwa 800 kleine Ebenen, nur 3 größere
Kanto-Ebene (Tokyo)   13.000 km²
Nagoja-Ebene (Nagoja)   1.800 km²
Kinki-Ebene (Osaka)   1.250 km²

Versorgung der Bevölkerung

Bauer Ito
(aus der Nähe von Osaka):

„Unsere Höfe sind sehr klein, im Durchschnitt nur 1,4 ha. Was wir betreiben, bezeichnet man am besten als eine ‚fleißige' Landwirtschaft. Jedes kleinste Fleckchen Land wird genutzt. Wir wenden für den Anbau sehr viel Mühe und Sorgfalt auf. Und das Klima hilft uns: wir können zwei bis drei Ernten pro Jahr einbringen."

Aus wie vielen Inseln besteht Japan?   **6252**

Wie heißen die vier großen Inseln?
Honschu, Hokkaido
Kiuschu, Schikoku

Wieviel Prozent der Landfläche sind gebirgig?
Etwa 80%

Wie heißt Japans höchster Berg
Fudschijama

Wie hoch ist der Anteil der Ebenen an der Landfläche?   **Nur etwa 20%**

Was sind ihre Kennzeichen?
Sie sind klein, es gibt nur drei
größere Ebenen

Wieviel Prozent des Landes sind landwirtschaftlich genutzt?   **Ca. 15%**

Wie groß ist die Siedlungsfläche in Japan?
Etwa 75.000 km²

Wie groß muß man sich diese Fläche vorstellen?
Sie ist kaum größer als Bayern

Wie viele Menschen müssen von ihr ernährt werden, müssen aber gleichzeitig hier auch wohnen und wirtschaften?   **Über 120 Millionen**

Welcher Widerspruch ist dabei aber zu entdecken?
Trotz der geringen landwirtschaftlichen
Nutzfläche gelingt es den japanischen
Bauern, die Bevölkerung zu über 80%
selbst zu versorgen

Wie groß ist ein japanischer Hof im Durchschnitt?
1,4 ha

Ein Fußballfeld ist etwa 0,74 ha groß. Wie viele Fußballfelder groß ist demnach ein japanischer Hof?
Etwa so groß wie 2 Fußballfelder

Wieso können die japanischen Bauern trotzdem die eigene Bevölkerung zu einem hohen Teil mit Nahrungsmitteln versorgen?
Man nutzt intensiv jedes kleinste
Fleckchen, wendet sehr viel Mühe und
Sorgfalt auf, wobei das Klima 2–3 Ernten im Jahr ermöglicht.

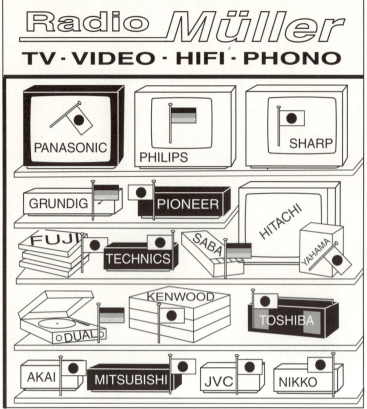

Von der Konkurrenz aus Fernost

Wir staunen über den Erfolg der japanischen Industrie

Werfen wir einen Blick in unsere Schaufenster. Woher stammen die angebotenen Erzeugnisse?

1. Schauen wir uns unsere Konkurrenten auf dem Weltmarkt genauer an. Welche Staaten sind dabei in erster Linie zu nennen?

   USA und Japan, hinzu kommen

   Frankreich, Großbritannien,

   Südkorea, China und Italien.

2. Die Diagramme für die Rohstoffe zeigen aber deutlich, daß Japan den gleichen Nachteil gegenüber anderen Industrieländern hat wie Deutschland. Welchen nämlich?

   Beide Länder sind arm an Rohstoffen.

3. Industrie ist aber auf Rohstoffe wie Eisen, Kupfer und vor allem Erdöl angewiesen. Wenn sie nicht aus dem eigenen Land stammen, woher dann?

   Die notwendigen Rohstoffe müssen

   von anderen Ländern bezogen

   (importiert) werden.

Industrie und Rohstoffgewinnung
Weltweite Rangfolge wichtiger Länder

Stahl
1. Japan
2. ehem. UDSSR
3. VR China
4. USA
5. Deutschland
6. Südkorea

Kunststoffe
1. USA
2. Japan
3. Deutschland
4. Südkorea
5. Frankreich

Elektronische Geräte
1. VR China
2. Südkorea
3. USA
4. Japan
10. Deutschland

Schiffe
1. Japan
2. Südkorea
3. Deutschland
4. Taiwan
5. Dänemark

Automobile
1. Japan
2. USA
3. Deutschland
4. Frankreich

Welthandel (Ausfuhr)
1. USA
2. Deutschland
3. Japan
4. Frankreich
5. Großbritannien
6. Italien
7. Kanada

Papier
1. USA
2. Japan
3. VR China
4. Kanada
5. Deutschland

Erdöl
1. Saudi-Arabien
2. USA
3. Rußland
4. Iran

Deutschland, Japan

Eisenerz
1. VR China
2. Brasilien
3. ehem. UDSSR
4. Australien
5. Indien
6. USA

Deutschland, Japan

Kupfer
1. Chile
2. USA
3. ehem. UDSSR
4. Kanada

Deutschland, Japan

Steinkohle
1. VR China
2. USA
3. ehem. UDSSR
4. Indien
9. Deutschland

Rohstoffimporte sind teuer. Daraus ergibt sich doch ein Widerspruch.

[4] Wieso kann Japan als führendes Industrieland ohne nennenswerte Rohstoffvorkommen so günstig produzieren?
a) Was vermutest Du?
b) Werte außerdem die Materialien aus und notiere weitere wichtige Gründe.

Längere Arbeitszeiten, niedrigere Löhne, höhere Produktivität, engere Bindung an die Firma, besserer Teamgeist, höhere Motivation, geringere Fehlzeiten, kürzerer Sommerurlaub, höhere Automatisierung

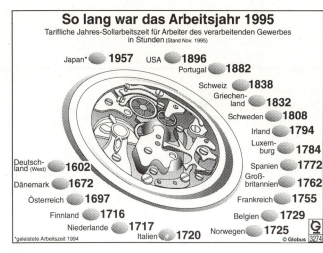

M 1

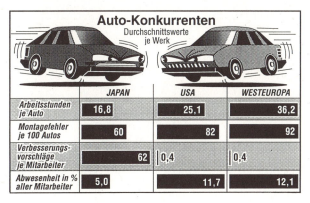

M 4

M 5
Viel Arbeit – wenig Freizeit
Die wöchentliche Arbeitszeit beträgt in Japan über 45 Stunden, nur in Großbetrieben wurde bisher die Fünftagewoche eingeführt. Zusätzliche Überstunden werden von den meisten Betrieben erwartet, ebenso Sonntagsarbeit. So haben Kaufhäuser immer sonntags geöffnet.

M 6

M 7
Kurzes Vergnügen
Japaner können keinen längeren Urlaub machen. Die Sommerferien, die Großbetriebe ihren Mitarbeitern gewähren, dauern durchschnittlich kaum sechs Tage.

M 2
Der Betrieb steht ganz vorne
Japaner fühlen sich viel enger mit ihrer Firma verbunden als Europäer. Die Firma wird wie eine Großfamilie empfunden, die Kollegen sind wichtiger als die Nachbarn. Man arbeitet im Team, hält zusammen und trifft sich auch oft nach der Arbeit. Für den Japaner ist die Firma eine Lebensgemeinschaft, der Arbeitsplatz eine Lebensstellung, die deshalb selten gewechselt wird.

M 3
Wenig Lohn
Grundsätzlich sind die Löhne in Japan niedriger als in Deutschland. Dabei richtet sich die Höhe des Anfangsgehaltes nach der Schulbildung. Später spielt die Dauer der Firmenzugehörigkeit für die Höhe des Gehaltes eine große Rolle. Stammarbeiter erhalten, wenn es die Geschäftslage der Firma erlaubt, bis zu vier Monatsgehälter als zusätzliche Prämie.

M 8

[5] M 8 zeigt, daß andere asiatische Länder ähnlich günstig oder noch günstiger produzieren können als die Japaner. Man spricht schon von den „kleinen Tigern", die auf dem Sprung in den Weltmarkt sind. Welche Länder sind damit gemeint?

Südkorea, Taiwan und Singapur

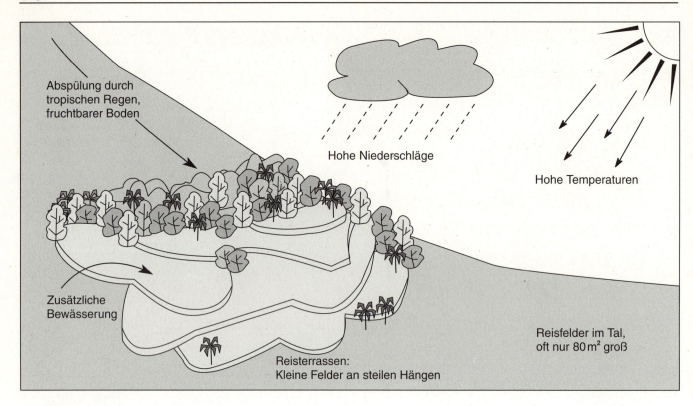

Vom Hauptnahrungsmittel der Menschheit

Wir beobachten den Reisanbau in Südostasien

Für über die Hälfte der Menschheit bildet Reis die Grundlage jeder Mahlzeit, vom Frühstück bis zum Abendessen.
Bei uns dagegen wird Reis nur als gelegentliche Beilage verwendet. In Europa spielt Weizen eine größere Rolle.

1. *Vergleiche die beiden Grundnahrungsmittel Weizen und Reis. Bei allen Unterschieden gibt es doch eine Gemeinsamkeit. Schreibe sie hier auf.*

   Beide sind Getreide und gehören zu den Gräsern.

2. *Aber Reis und Weizen sind äußerst verschiedene Getreidearten. Stelle die wichtigste Unterschiede in einer Tabelle gegenüber.*

Weizen	Reis
Steppengras, stammt aus Innerasien, benötigt 8°–20°C und ausreichend Niederschläge, kommt in den gemäßigten Breiten vor, geringerer Stärkeanteil, backfähig, erfordert Fruchtwechsel.	*Sumpfgras, stammt aus Indien, verlangt hohe Temperaturen und viel Feuchtigkeit, kommmt in den Tropen und Subtropen vor, höherer Stärkeanteil, nicht backfähig, verbraucht weniger Nährstoffe.*

Reis
Der Reis ist neben dem Weizen die wichtigste Getreidesorte. Er ist von Natur aus ein Sumpfgras, das im Wasser wachsen muß, hohe Temperaturen (dauernd über 20°C) und viel Feuchtigkeit benötigt. Die Anbaugebiete liegen daher ausschließlich in den Tropen und Subtropen. Seine Heimat liegt in Indien.
Reis hat einen sehr hohen Stärkeanteil, ist aber nicht backfähig. Reis stellt nur geringe Ansprüche an den Nährstoffgehalt des Bodens. Selbst nach jahrhundertelangem Anbau auf derselben Fläche ohne Fruchtwechsel liefert er gleichbleibend hohe Erträge.

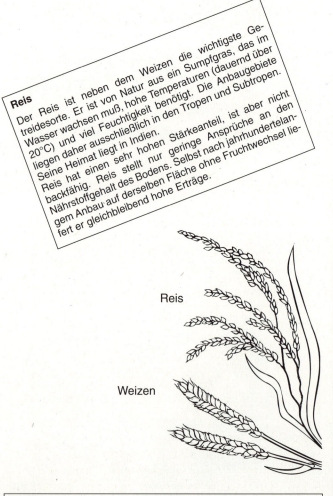

Weizen
Dieses Getreide stammt als Steppengras aus Innerasien. Weltweit ist der Weizen heute das wichtigste Getreide und wird überall dort angebaut, wo gute Böden und das Klima es erlauben. Weizen benötigt zum Gedeihen 8 bis 20°C und ausreichend Niederschläge. Um die Nährstoffe im Boden nicht einseitig zu verbrauchen, wechselt man von Jahr zu Jahr auf jedem Feld die Anbaupflanzen. Es entsteht eine Fruchtfolge.

Reisanbau ist Handarbeit

▲ Feldbearbeitung　　　　Ernten ▼　　▲ Pflanzen　　　　Dreschen ▼

Wasserstand der Reisfelder

3 *Wie die Fotos zeigen, sind auch Anbau und Ernte von Weizen und Reis grundverschieden. Stelle die Unterschiede wieder tabellarisch zusammen:*

Weizen	Reis
Hoher Maschineneinsatz,	*Vorwiegend Handarbeit,*
große Felder,	*kleine Felder,*
wenige Arbeitskräfte,	*viele Arbeitskräfte,*
viel Dünger,	*wenig Dünger,*
Fruchtwechsel,	*kein Fruchtwechsel,*
trockene Felder.	*überflutete Felder.*

4 *Wie die Weizenfelder bei uns, so prägt auch der Reisanbau das Landschaftsbild. Beschreibe die Merkmale der Reisanbaulandschaft in Südostasien.* *Kleine Felder an den Hängen, Terrassen.*

5 *Trotz der überwiegenden Handarbeit bringt der Reisanbau sehr hohe Erträge. Nenne die Gründe:* *Reis ist anspruchslos und gedeiht bei entsprechendem Klima gut.*

Aber die starke Zunahme der Bevölkerung zwingt zu einer weiteren Steigerung der Ernten. Das ist nur möglich durch neue, schneller wachsende Sorten, durch den Einsatz von Dünger und Schädlingsbekämpfungsmitteln, durch den Einsatz von Maschinen und den Aufbau moderner Reismühlen.

6 *Die neuen Sorten schmecken nicht mehr so gut, aber es ergeben sich daraus noch schwerer wiegende Nachteile. Kannst du dir vorstellen, welche?* *Der Einsatz von Dünger, Schädlingsbekämpfungsmitteln und Maschinen kostet viel Geld, das die armen Bauern kaum aufbringen können. Zudem wird die Umwelt geschädigt.*

Weizen – die Technik gestaltet den Anbau

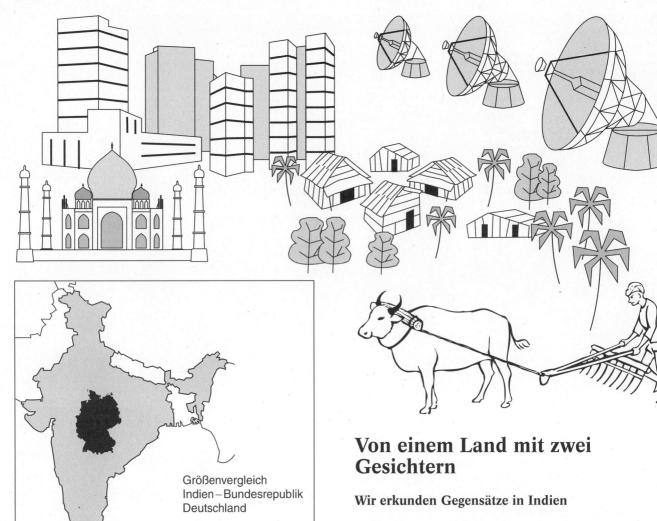

Größenvergleich Indien – Bundesrepublik Deutschland

Die bedeutendsten Industrieländer der Erde

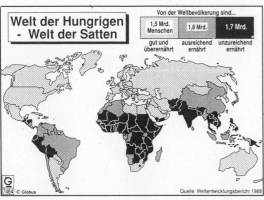

Von einem Land mit zwei Gesichtern

Wir erkunden Gegensätze in Indien

Indien – das sind zwei verschiedene Welten. Gegensätze zwischen Arm und Reich, zwischen Fortschritt und Rückständigkeit, Tradition und Moderne sind typisch für die meisten Entwicklungsländer. Aber in kaum einem anderen Land der Erde prallen die Gegensätze so stark aufeinander wie hier. Indien läßt keinen Besucher gleichgültig, es schockiert und fasziniert gleichzeitig.

[1] *Versuchen wir, diese extremen Gegensätze einander gegenüberzustellen. Werte dazu die Materialien M 1–10 aus, unterstreiche in den Texten fortschrittliche und rückständige Aspekte und fasse deine Ergebnisse in der Tabelle auf S. 19 zusammen.*

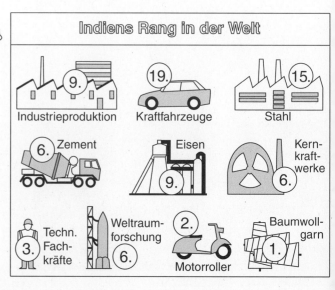

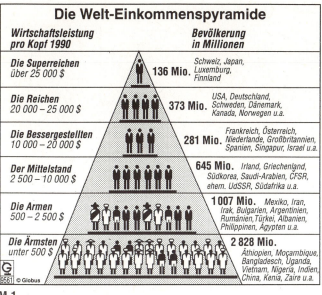

M 1

Fortschrittliche Aspekte	Rückständige Aspekte
Indien gehört zu den bedeutendsten Industrieländern,	Indien gehört zu den ärmsten Ländern der Erde,
Indien nimmt in der Produktion vieler Industrieerzeugnisse in der Welt einen vorderen Rang ein,	Indien gehört zu den Ländern, deren Bevölkerung Hunger leidet,
	Unter- und Fehlernährung, besonders bei Kindern,
Indien weist in vielen Bereichen einen hohen technischen Stand und modernste Technologie auf,	Indien ist Agrarland geblieben, die Landwirtschaft arbeitet mit primitiven Anbaumethoden,
Wissenschaft und Forschung sind führend, hochspezialisierte Wissenschaftler,	viele Inder sind Analphabeten,
Indiens Landwirtschaft erzeugt Überschüsse,	große Teile der Bevölkerung erzielen keine regelmäßigen Geldeinnahmen,
Indien leistet Nahrungshilfe für Afrika, gut ausgebautes Verkehrsnetz,	hohe Arbeitslosigkeit, viele Dörfer sind ohne Straßenanschluß, ohne Strom- und Wasserversorgung,
moderne Kernkraftwerke,	schlechte hygienische Verhältnisse, mangelhafte medizinische Versorgung, hohe Kindersterblichkeit,
Reichtum.	Massenarmut.

M 2 Indien hat eines der ausgedehntesten Eisenbahnnetze der Erde. Seinen Bedarf an Lokomotiven stellt es selbst her, ebenso die meisten Kraftfahrzeuge. Indische Motorroller werden sogar in großem Maße exportiert.

M 3 Wie soll ich mein Land charakterisieren, das so unbeschreiblich in seiner Vielfalt ist? Die Größe und die vielen Kontraste machen es schwer, unser Land zu verstehen: Da pflügen Bauern noch mit dem hölzernen Hakenpflug, während im Weltall der indische Satellit INSAT 1B seine Bahnen zieht; Petroleumleuchten bringen Licht in armselige Hütten, während moderne Kernkraftwerke fortschrittliche Industriebetriebe mit Strom versorgen, hochspezialisierte Wissenschaftler und ein Heer von Analphabeten bilden genauso Gegensätze wie die Massenarmut und unvorstellbarer Reichtum.
Ich glaube nicht, daß unser Land jemals so fortschrittlich sein, wird, wie die reichen westlichen Staaten. Dabei war Indien in uralten Zeiten ein blühendes und sehr reiches Land.
How I see my country. Hrsg. H. Haubrich, Freiburg 1987, S. 87

M 4 Zu den drängendsten Problemen gehören die Unter- und Fehlernährung, denn von den über 20 Millionen Kindern, die in Indien jedes Jahr geboren werden, wachsen nur wenige Millionen zu gesunden und arbeitsfähigen Menschen heran. Die Säuglings- und Kindersterblichkeit ist hoch. Dazu tragen auch die oft unzureichende Trinkwasserversorgung, die schlechten hygienischen Verhältnisse und die mangelhafte medizinische Versorgung bei.

M 5 Indiens Landwirtschaft erzielt heute Überschüsse. Das Land exportiert Reis und Weizen und leistet Nahrungsmittelhilfe für Afrika – aber ein Großteil der eigenen Bevölkerung kann sich aus Armut nicht das tägliche Essen leisten.

M 7 In Indien werden Luxushotels, Bürohochhäuser und Prunkvillen gebaut, während andererseits Millionen unter Säcken, Plastikfolien oder einfach nur im Freien auf dem Gehweg schlafen.

M 6 Indien ist ein Agrarland geblieben. In seinen 600.000 Dörfern leben mehr als drei Viertel der Bevölkerung. Hier scheint die Zeit stehen geblieben zu sein: die meisten Dörfer haben immer noch keinen Anschluß ans Straßennetz, ihnen fehlen elektrisches Licht und Wasserversorgung.

M 8
Anteil der Analphabeten in Indien: 52%
Anteil der Bevölkerung unter dem Existenzminimum in Indien: 40%

M 9 Mehr als die Hälfte der Bevölkerung kennt keine regelmäßigen Geldeinnahmen. Auf der anderen Seite erlebt Indien einen Kaufrausch. Selbst in der tiefsten Provinz schießen Boutiquen und Shopping-Center aus dem Boden.

M 10 Das südindische Bangalore hat sich zu einer „Tempelstadt der Technologie" entwickelt. 12.000 Ingenieure arbeiten hier vor allem in anspruchsvollen Industriezweigen wie Flugzeugbau, Elektrotechnik, Computer- und Software-Produktion. Bangalore ist auch Sitz der Raumforschungs-Organisation ISRO. Eigene Satelliten im All kreisen zu lassen, ist kein hochfliegender Traum der Inder mehr, sondern einer ihrer größten technologischen Triumphe. Schon seit 1988 umkreisen Himmelskörper „made in India" die Erde.
Nach Misereor-Projekt-Partnerschaft Nr. 321/3–189, Aachen 1992

Der Monsun kommt

Bombay, 5. Juni
Der Boden ist unter der <u>sengenden Sonne</u> steinhart und rissig geworden, die Bäume sind verdorrt, das Thermometer zeigt über <u>45°C</u> im Schatten. Staub bedeckt Wege und Pflanzen, jeder Luftzug wirbelt ihn auf. <u>Die Menschen beobachten immer wieder den südwestlichen Horizont.</u> Endlich ist es soweit: der Luftdruck fällt, der Himmel wird immer dunkler. Es wird merklich <u>kühler,</u> <u>Wind</u> kommt auf, er bläst wild <u>vom Meer</u> und peitscht die Wellen gegen den Strand. Die Kokospalmen neigen sich tief unter der Wucht der <u>Böen.</u> Der <u>Sturm</u> treibt eine schwarze Wolkenmauer von Südwesten heran. Bald zucken Blitze vom Himmel, der Donner grollt. | <u>Die Menschen haben rechtzeitig die Lehmwände ihrer Häuser verkleidet und verhängt,</u> um sie vor den schweren <u>Schlagregen</u> zu schützen, die jetzt niedergehen. Die Flüsse steigen schnell an, im Nu steht alles knietief unter Wasser. Nach drei bis vier Wochen klärt sich das Wetter. Der Wind weht weiterhin frisch und stetig aus Südwesten. Vormittags ist es meist <u>sonnig,</u> gegen Mittag kommen <u>Wolken</u> auf und am späten Nachmittag prasselt ein Reguß aus den Gewitterwolken.

1. Abschnitt | 2. Abschnitt

Vorderindien im Sommer:

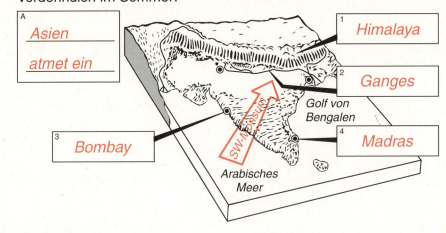

A: *Asien atmet ein*
1: *Himalaya*
2: *Ganges*
3: *Bombay*
4: *Madras*

Vorderindien im Winter:

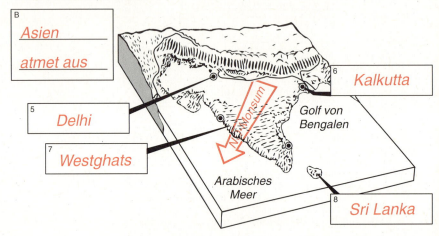

B: *Asien atmet aus*
5: *Delhi*
6: *Kalkutta*
7: *Westghats*
8: *Sri Lanka*

Von wechselnden Winden

Wir erkennen Indiens Abhängigkeit vom Monsun

Der Text beschreibt den Sommer in Indien. Du hast sicher gemerkt, daß keine Jahreszahl angegeben ist - zurecht, denn das gleiche Schauspiel wiederholt sich jedes Jahr.

1. *Arbeite am Text:*
   a) *Unterstreiche alle Hinweise auf das Wetter.*
   b) *Gliedere den Text in zwei Abschnitte mit verschiedenem Inhalt.*
   c) *Der Text beinhaltet einen Gegensatz. Schreibe ihn hier auf:* **Auf die trockene Hitze folgt ein Wetterumschwung: Wind bringt Regenwolken vom Meer.**

   d) *Der Grund für den Wechsel des Wetters ist angegeben. Was verursacht den ziemlich plötzlichen Wetterumschlag?*
   Ein von Südwesten und damit vom Meer aufkommender Wind.

   e) *Markiere im Text die beiden Stellen, die erkennen lassen, daß der Wechsel des Wetters jährlich zur gleichen Zeit stattfindet.*

Die Blockbilder von Vorderindien veranschaulichen die Situation.

2. *Fülle die Schriftfelder mit den Namen der Flüsse, Gebirge und Städte aus.*

3. *Trage im Blockbild „Vorderindien im Sommer" den regenbringenden Wind als großen Pfeil ein. Man bezeichnet ihn als Südwest-Monsun. Schreibe diesen Namen an deinen Pfeil.*

4. *Im Winter weht der Wind aus der entgegengesetzten Richtung. Trage den entsprechenden Pfeil in das zweite Blockbild ein und beschrifte ihn mit „Nordost-Monsun".*

5. *Bei der Entstehung dieser jahreszeitlich wechselnden Monsunwinde spielt die unterschiedliche Erwärmung von Landmassen und Meeren ein Rolle. Man spricht deshalb von „Asien atmet aus" und „Asien atmet ein". Trage diese Beschreibungen in die Kästchen A und B ein.*

6. *Der Name Monsun kommt von dem arabischen Wort „mausim", was Jahreszeit bedeutet. Kannst du erklären, warum man einen Wind Jahreszeit nennt?*
   Der Monsun bewirkt einen jahreszeitlichen Wechsel. Er bestimmt den Ablauf des Jahres.

Monate	November–Februar	März–Mai	Juni–Oktober
Temperaturen	15–23°C	26–30°C	26–30°C
Niederschläge pro Monat	3–30 mm	3–30 mm	200 mm und mehr
Kennzeichen	kühl-trocken sonnig, staubig	trocken-heiß staubig	feucht-heiß
Jahreszeit	TROCKENZEIT WINTERMONSUN	ÜBERGANGSZEIT VORMONSUN	REGENZEIT SOMMERMONSUN
Der Monsun bestimmt das Leben in Indien	Reisernte und ihre Verarbeitung	Vorbereitung der Felder Anlage von Saatbeeten für Reis	Auspflanzen der Reispflanzen in die überfluteten Felder, Feldarbeiten

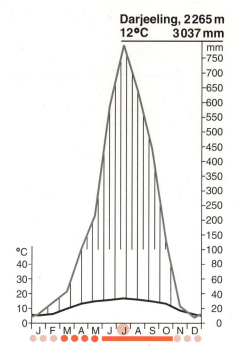

Man unterscheidet in Indien aber nicht nur zwei Jahreszeiten, sondern insgesamt drei.

[7] *Schneide die Texte von der Aktionsseite 27 aus und klebe sie passend in die Tabelle ein.*

[8] *Kennzeichne im Klimadiagramm von Darjeeling die drei Jahreszeiten verschiedenfarbig.*

[9] *Welches ist der regenreichste Monat? Wie hoch sind die Niederschläge?*

Juli, 800 mm

[10] *In Berlin betragen die Niederschläge 587 mm pro Jahr und 80 mm im Juli, dem regenreichsten Monat. Vergleiche mit Darjeeling!*

[11] *Bei uns in Deutschland unterscheiden wir vier Jahreszeiten. Nach welchem Merkmal werden sie eingeteilt? Wonach richtet sich in den Monsunländern die Einteilung der Jahreszeiten?*

In Deutschland nach den Temperaturen, in Indien kommen Trocken- und Regenzeit hinzu.

[12] *Man spricht hier von „wechselfeuchten Tropen". Kannst du diese Bezeichnung erklären?*

Durch den Wechsel von Trocken- und Regenzeit.

[13] *Zeige, daß man sich in Indien (und ebenso in weiten Teilen Asiens) an das Monsunklima angepaßt hat, daß man andererseits aber auch von ihm abhängig ist.*

Die Feldarbeiten, Aussaat und Ernte richten sich nach dem Monsunklima, werden aber auch vom Monsun bestimmt.

Schlimmste Dürre seit Jahren
Indien wird von der schlimmsten Dürre seit Jahren heimgesucht. Die Regierung befürchtet eine Hungersnot.

Überschwemmung fordert zahlreiche Todesopfer
Die starken Monsunregen führten zu katastrophalen Überschwemmungen. Die Bewohner vieler Dörfer wurden obdachlos und mußten evakuiert werden. In den Städten entstand ein Verkehrschaos, weil die Kanalisation die Regenmassen nicht aufnehmen konnte. Der Eisenbahnverkehr wurde in weiten Gebieten unterbrochen.

[14] *Natürliche Abläufe sind bei aller Regelmäßigkeit niemals völlig gleich. So hört und liest man Nachrichten wie diese beiden Beispiele sehr häufig. Beschreibe die Folgen, wenn*

a) der Monsun zu spät einsetzt oder zu wenig Regen bringt:

Dürre und Hungersnot sind die Folgen.

b) der Monsun zu viel Regen mit sich bringt:

Überschwemmungen bedrohen Menschen, Vieh und Ernten.

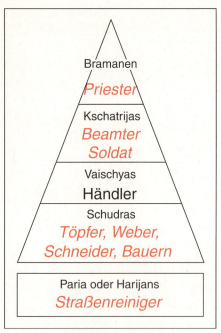

Von einer Gesellschaft in Kasten

Wir lernen eine fremde Kultur verstehen

Bei aller Moderne, die sich in dem riesigen und gegensätzlichen Subkontinent findet, ist Indien immer noch sehr stark von Traditionen bestimmt. Das liegt hauptsächlich an der jahrtausendealten Gesellschaftsordnung. Die indische Gesellschaft ist nämlich in sogenannte Kasten gegliedert und damit ganz anders aufgebaut als wir Europäer das gewöhnt sind.

1 *Versuche, das Gesellschaftssystem, die jahrtausendealte Kultur und die Religion Indiens zu verstehen.*
Informiere dich anhand der Aussagen darüber und suche alle richtigen Antworten auf die folgenden Fragen heraus. Schreibe die Buchstaben, die bei den zutreffenden Angaben stehen, auf. Sie ergeben Begriffe, die mit der indischen Religion zusammenhängen.

a) Wie alt ist das Kastensystem?

S Über 3.500 Jahre
T Etwa 1.500 Jahre
A Circa 500 Jahre

b) Wie viele Kasten gab es ursprünglich?

E Vier
R Zehn
F Achtzig

c) In wie viele Kasten ist die indische Gesellschaft heute aufgeteilt?

B Etwa 800
K Fast 1.200
E Über 3.000

d) Kaste heißt im Indischen „Jati", das bedeutet „Geburt". Was kann man daraus schließen?

D Die Geburt gilt als das wichtigste Ereignis im Leben.
L Man gehört der Kaste von Geburt bis zum Tod an.
C Besonders wichtig ist, an welchem Tag man geboren wird, welches Sternzeichen man hat.

e) Wie gelangt man in eine Kaste?

O Die Eltern suchen eine Kaste für ihre Kinder aus.
S Darüber entscheiden die Priester.
D Das hängt vom Geburtsdatum ab.
E Man wird in eine Kaste hineingeboren.

f) Wie kann man seine Kaste wechseln, wenn sie einem nicht gefällt?

N Gar nicht, man bleibt bis zum Tod Angehöriger seiner Kaste.
M Man kann jederzeit austreten und die Kaste wechseln.

g) Wie bezeichnet man die Angehörigen der obersten Kaste?

P Fürsten
H Adlige
G Maharadschas
W Brahmanen

Herr Singh erklärt:
Die Kastenordnung ist sehr alt. Um 1500 v. Chr. drangen Eroberer nach Indien ein. Sie waren in drei Stände gegliedert: Brahmanen (Priester), Kschatrijas (Ritter und Krieger, heute Beamte und Soldaten) und Vaischyas (Bauern und Kaufleute). Zur Sicherung ihrer Herrschaft ordneten sie die Ureinwohner in einen vierten Stand, die Schudras (Handwerker und Arbeiter), ein. Im Laufe der Jahrhunderte sind daraus über 3.000 Kasten entstanden, für fast jede Tätigkeit gibt es eine eigene Kaste.

Kamal:
Wie ich zu meiner Kastenzugehörigkeit komme? Komische Frage, man gehört der gleichen Kaste an wie die Eltern und die anderen Verwandten. Die Kaste wechseln kann man nicht. Wollte ich aus meiner Kaste ausbrechen, so würde ich mich unsicher, nicht mehr geborgen fühlen. Und wenn ich krank würde oder in Not geriete, würde mir doch niemand mehr helfen.

Indira:
Das Ansehen des Einzelnen richtet sich weniger nach Reichtum und Armut, sondern vielmehr nach der Zugehörigkeit zu einer Kaste bzw. dem Rang, den diese einnimmt. Weit unter allen Kasten stehen die Kastenlosen, die „Parias". Sie gelten als Unberührbare und werden nicht zur menschlichen Gesellschaft gerechnet. Außerhalb der Dorfgemeinschaft leben sie verachtet und ausgestoßen und dürfen nur die niedrigsten Arbeiten verrichten, wie Unratbeseitigung und Straßenreinigung. Die indische Regierung versucht schon lange, die Kastenschranken abzubauen, für Gleichberechtigung zu sorgen und vor allem die Demütigung der Kastenlosen zu überwinden. Aber damit hatte man nur in den großen Städten Erfolg, in Indiens Dörfern (und davon gibt es immerhin mehr als 600 000) hält man aber unverändert am Kastensystem fest.

Lösungen:

a-k S E E L E N W A N D E R U N G
l-p W I E D E R G E B U R T

h) Was versteht man unter dem Begriff „Parias"?

K Die Angehörigen der untersten Kaste.
A Kastenlose, die nicht zur menschlichen Gemeinschaft gerechnet werden.

i) Wie hängt der Beruf mit dem Kastensystem zusammen?

N Für fast jede Tätigkeit gibt es eine eigene Kaste.
D Man übt den gleichen Beruf aus, wie der Vater und der Großvater.
E Die Angehörigen einer bestimmten Kaste üben alle den gleichen Beruf aus.

j) Wie leben die Kasten zusammen?

F Sie leben und arbeiten problemlos miteinander.
R Die Kasten leben streng getrennt voneinander, sie arbeiten und wohnen nicht zusammen.
U Man kann im allgemeinen nur jemanden aus der gleichen Kaste heiraten.

k) Die indische Regierung versucht seit langem, das Kastensystem zu überwinden. Welchen Erfolg hat sie damit?

A Das Kastensystem ist fast ganz verschwunden.
N Man hat nur in den größeren Städten Erfolg.
G Auf dem Lande hält man unverändert daran fest.

l) Warum läßt sich das Kastensystem in modernen Städten kaum beibehalten?

W In modernen Mietswohnhäusern kann man sich seine Nachbarn nicht aussuchen.
I In den Massenverkehrsmitteln wie Bussen, Eisen- und U-Bahnen kann man sich von Angehörigen anderer Kasten nicht fernhalten.

m) Welche Nachteile des Kastensystems zeigen sich in einer modernen Industriegesellschaft?

E Die Zusammenarbeit mit Angehörigen anderer Kasten ist schwer möglich.
D Technische Neuerungen lassen sich kaum durchsetzen.

n) Man muß aber auch die Vorteile des Kastensystems sehen. Welche sind dabei zu nennen?

E Die Kastenmitglieder unterstützen sich gegenseitig.
R Man fühlt sich sicher und geborgen.
G Man erhält Hilfe in Notfällen.
H Die traditionellen Handwerksberufe sterben nicht aus.
J Man braucht nichts Neues zu lernen.

o) Wo ist der Hinduismus verbreitet?

E Überwiegend nur in Indien und Nepal.
G Er hat Anhänger in vielen Ländern Asiens.
W Er ist auch außerhalb Asiens weit verbreitet.

p) Woran glaubt ein Hindu?

A Vor allem an Götter
B An eine ewige Weltordnung
U An eine unsterbliche Seele
R An die Wiedergeburt der Seele in einem tierischen oder menschlichen Körper.
T An einen ewigen Kreislauf aus Geburt, Tod und Wiedergeburt.

q) Wie sieht ein Hindu das Leben?

B Das Leben ist kurz, man sollte es genießen.
S Als Strafe oder Belohnung für gute oder böse Taten im vorherigen Leben.
H Wenn man sich gut verhält, darf man auf eine bessere Stellung im nächsten Leben hoffen.
I Verhält man sich unziemlich, so muß man fürchten, als Paria oder sogar als Tier wiedergeboren zu werden.

r) Welcher Zusammenhang zwischen Religion und Gesellschaftsordnung ist in Indien zu erkennen?

V Der Hinduismus hält das Kastensystem aufrecht, da man fürchten muß, bei einem Verstoß gegen die Regeln der Kaste im nächsten Leben bestraft zu werden.
A Man wehrt sich nicht gegen die Ungerechtigkeiten in der Gesellschaft, weil man sie als Belohnung oder Strafe für die Taten im vorherigen Leben empfindet.

Herr Ranjan:
Entwicklung ist in Indiens Dörfer sehr schwierig, denn die Kasten leben streng getrennt voneinander und heiraten auch nur untereinander. Es ist fast unmöglich, technische Neuerungen einzuführen, weil die neuen Methoden nicht den Sitten der Vorfahren entsprechen.

Herr Sharma meint:
Die Kastenordnung ist eng mit unserer Religion verbunden. 80% der Inder sind Hindus. Der Hinduismus gehört zu den ältesten und größten Weltreligionen, kommt aber praktisch nur in Indien vor. Es ist kein Götterglaube, sondern vor allem ein Glaube an eine ewige Weltordnung. Wie die Christen glauben wir, daß die Seele unsterblich ist, aber nach unserem Glauben wird sie nach dem Tod des Körpers in einem anderen menschlichen oder tierischen Leib wiedergeboren. Daher ist uns alles Leben, auch das der Tiere heilig. Wir töten keine Tiere und essen auch kein Fleisch. Nach unserem Glauben durchwandert jedes Lebewesen die Welt in einem ewigen Kreislauf aus Geburt, Tod und Wiedergeburt. Hindus beachten die Regeln der Kasten ganz genau, denn davon hängt ab, ob man im nächsten Leben in einer höheren oder niedrigeren Kaste oder sogar als Tier wiedergeboren wird. Das gegenwärtige Leben wird also als Belohnung oder Strafe für das vorherige angesehen.

2 Ordne die folgenden Berufe in die Kastengliederung auf Seite 22 oben links ein: Beamter, Soldat, Priester, Bauer, Töpfer, Weber, Straßenreiniger, Schneider.

Ein Blick auf das Armaturenbrett eines PKW

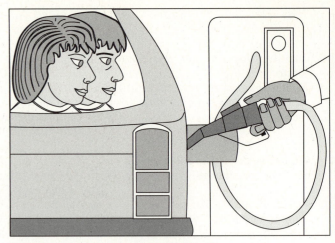
Sarah und Klaus im Auto an der Tankstelle

Vom Schwarzen Gold

Wir begleiten einen Öltanker

Donnerstag, 4.11.

Ein Blick auf die Armaturen zeigt: es wird Zeit zu tanken! Herr Eberhard fährt die nächste Tankstelle an. Während das Benzin durch den Schlauch läuft, haben Sarah und Klaus Zeit. Sie überlegen, woher das Benzin, das gerade getankt wird, kommen könnte und wie lang seine Reise gewesen sein mag.
Verfolgen wir den Weg des Erdöls von einem Ölfeld in der Arabischen Wüste bis in den Tank von Herrn Eberhards Auto! Dazu müssen wir Millionen Jahre zurückgehen....

1 *Fülle die Lücke im Text aus. Nimm die Zeichnungen zu Hilfe.*

2 *In einer Lagerstätte kommt Erdöl meist zusammen mit Erdgas und Wasser vor. Dabei bilden sich typischerweise Schichten: die leichteste Substanz sammelt sich ganz oben, die schwerste unten. Fülle die Schriftfelder in der Zeichnung unten aus. Beachte dabei, daß Benzin auf der Wasseroberfläche einen Film bildet.*

In flachen Meeresbuchten, vor allem vor den Mündungen großer Flüsse, leben gewaltige Mengen pflanzlicher und tierischer Kleinstlebewesen, die man *Plankton* nennt. Wie ein ständiger Regen sinken Massen dieser Mikroorganismen auf den *Meeresgrund* und werden von *Schlick* überlagert. Unter Sauerstoffabschluß entsteht daraus *Faulschlamm* und im Laufe von Jahrmillionen Erdöl und Erdgas. Die Ablagerungen verdichten sich allmählich zu dem sogenannten Erdöl-*Muttergestein*, das später von anderen Schichten überdeckt wird.
Durch Auffaltungen der Erdkruste geraten *Erdöl* und Erdgas unter *Druck*, sie wandern dann nach oben, bis sie von einer *wasserundurchlässigen* Schicht am weiteren Aufsteigen gehindert werden. Wie in einer Falle sammeln sie sich beispielsweise unter der *höchsten* Stelle einer Aufwölbung. Eine Erdöl-*Lagerstätte* ist entstanden.

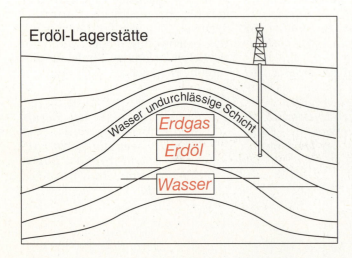

Verfolgen wir nun den Weg des Erdöls von der Förderstätte in der Arabischen Wüste nach Deutschland. Begleiten wir dazu einen Supertanker auf seiner langen Reise.

3 a) Ordne die unterstrichenen Stationen im Text rechts den Zahlen 1–7 in der Karte zu. Schreibe die Namen auf.
b) Trage die dazugehörenden Daten in die Schriftfelder ein.
c) Zeichne den Weg des Tankers in die Karte ein.

4 Wie lang ist die Reise des Öltankers bis nach Wilhelmshaven?

21.000 km bzw. 31 Tage

5 Besonders große Ölfelder liegen um den Arabisch-Persischen Golf, dem heutigen Rest einer einst gewaltigen Meeresbucht. Nenne die Ölstaaten Südwestasiens:

Saudi-Arabien, Oman, Vereinigte Arabische Emirate, Katar, Bahrain, Kuwait, Irak und Iran

6 Was versteht man unter einer „Pipeline"?

Eine Rohrleitung für Erdöl oder Erdgas

7 Wie nennt man die Fabrikanlage, in der Erdöl in Benzin und andere Produkte umgewandelt wird?

Raffinerie

Bohrturm in der Wüste   Öltanker auf dem Meer

6.8. Das Erdöl wird in Saudi-Arabien gefördert und gelangt über eine Pipeline zum Ölhafen Ras Tanura am Arabisch-Persischen Golf.

10.8. Der Öltanker ist mit 254 000 t Öl beladen und läuft aus.

11.8. Der Öltanker verläßt den Arabisch-Persischen Golf und gelangt in den Golf von Oman.

18.8. Wir fahren an Madagaskar vorbei.

24.8. Wir erreichen das Kap der Guten Hoffnung.

30.8. Der Tanker befindet sich im Golf von Guinea.

6.9. Wir haben die Höhe von Gibraltar erreicht.

9.9. Wir durchqueren die Straße von Dover und kommen in die Nordsee.

10.9. Der Öltanker trifft in Wilhelmshaven ein. 21 000 km und 31 Tage Seereise liegen hinter uns. 27 Stunden lang wird jetzt das Öl gelöscht und kommt zunächst in ein Tanklager.

22.9. Nach fünf Tage langer Reise durch die Pipeline Ankunft in der Raffinerie in Köln. Das Öl kommt erst in ein Tanklager.

30.9. Die Verarbeitung in der Raffinerie beginnt. Aus dem Erdöl entsteht eine Vielzahl von Produkten, davon ist etwa ein Siebtel Benzin.

9.10. Ende der Verarbeitung. Auch das Benzin bleibt erst in einem Tanklage.

11.10. Mit dem Binnenschiff wird unser Benzin vom Rheinhafen Köln abtransportiert zu einem weiteren Tanklager.

30.10. Ein Tanklastwagen transportiert das Benzin vom Lager zur Tankstelle.

4.11. Es ist endlich so weit: Das Benzin läuft in den Tank von Herr Eberhards Wagen. 91 Tage nach seiner Förderung im fernen Saudi-Arabien.

1 *Arabisch-Persischer Golf*
2 *Golf von Oman*
3 *Madagaskar*
4 *Kap der Guten Hoffnung*
5 *Golf von Guinea*
6 *Gibraltar*
7 *Straße von Dover*

Nach „Lebenslauf eines Liters".
ESSO Informationsprogramm.

Von Moscheen, Minaretten und Muezzins

Wir begegnen der islamisch-arabischen Welt

Vorderasien bildet ein Bindeglied zwischen drei Kontinenten: Euopa, Asien und Afrika. Die Länder Südwestasiens und Nordafrikas zeigen viele Gemeinsamkeiten, man faßt sie deshalb zum Orientalischen Kulturerdteil zusammen.
Im Vordergrund steht dabei der Islam, die jüngste der Weltreligionen, zu der sich weltweit über 970 Millionen Gläubige bekennen, davon etwa 25 Millionen in Europa.

1 *Zur Orientierung: fülle die Schriftfelder mit den Namen der Staaten aus.*

2 *Schauen wir uns die islamischen Staaten genauer an.*
a) In den folgenden Ländern sind 80 bis 100% der Bevölkerung Moslems. Färbe diese Staaten in der Karte rot: Afghanistan, Ägypten, Albanien, Algerien, Aserbaidschan, Bahrain, Bangladesh, Dschibouti, Guinea, Indonesien, Irak, Iran, Jemen, Jordanien, Komoren, Libyen, Malediven, Mali, Marokko, Mauretanien, Niger, Oman, Pakistan, Sahara, Saui-Arabien, Senegal, Somalia, Syrien, Tunesien, Türkei und Vereinigte Arabische Emirate.
b) In den folgenden Ländern gehört die Mehrheit der Bevölkerung (50–80%) dem Islam an. Färbe sie orange: Eritrea, Kasachstan, Kirgisistan, Libanon, Malaysia, Sudan, Tadschikistan, Tschad, Turkmenistan und Usbekistan.
c) In Äthiopien, Bosnien-Herzegowina, Burkina-Faso, Nigeria, Sierra Leone und Tansania liegt der Anteil der Moslems zwischen 30 und 50%. Färbe diese Länder gelb.

3 *Bilde aus den durcheinandergeratenen Buchstaben Islam-Wörter.*

AKNOR	Koran	AABRS	Basar
AAHLL	Allah	ADEHMMMO	Mohammed
AEKKM	Mekka	ENRSU	Suren
AAADMNR	Ramadan	EECHMOS	Moschee

4 *Bindeglied vieler islamischer Länder ist die arabische Schrift und Sprache, daneben gibt es in vielen Ländern aber auch andere Sprachen. Rahme die arabischen Länder grün ein.*

Bei allen Gemeinsamkeiten dieser Länder sind aber die wirtschaftlichen Unterschiede sehr groß, vor allem zwischen den Ölstaaten und rohstoffarmen Ländern. Auch hinsichtlich der Entwicklung der Staaten gibt es beachtliche Unterschiede.

Zur Information.
In den folgenden Ländern ist Arabisch Amtssprache: Ägypten, Algerien, Bahrain, Dschibouti, Eritrea, Irak, Israel, Jemen, Jordanien, Katar, Komoren, Kuwait, Libanon, Libyen, Marokko, Mauretanien, Oman, Sahara, Saudi-Arabien, Sudan, Syrien, Tschad, Tunesien, Vereinigte Arabische Emirate.

1. Indonesien
2. Malaysia
3. Bangladesh
4. Pakistan
5. Afghanistan
6. Iran
7. Saudi-Arabien
8. Irak
9. Kasachstan
10. Syrien
11. Türkei
12. Ägypten
13. Algerien
14. Marokko

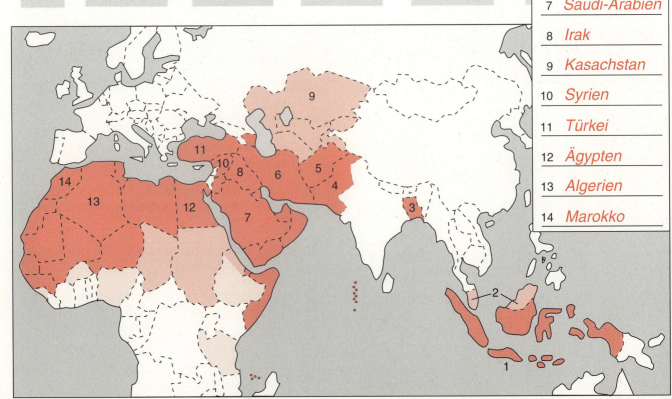

Aktionsseite

Zu Seite 1

	26–30°C	15–23°C	26–30°C
	200 mm und mehr	3–30 mm	3–30 mm
	feucht-heiß	kühl-trocken sonnig, staubig	trocken-heiß staubig
Zu Seite 21 ⇨	REGENZEIT SOMMERMONSUN	TROCKENZEIT WINTERMONSUN	ÜBERGANGSZEIT VORMONSUM
	Auspflanzen der Reispflanzen in die überfluteten Felder, Feldarbeiten	Reisernte und ihre Verarbeitung	Vorbereitung der Felder Anlage von Saatbeeten für Reis

Vom „Schlafenden Riesen"

Wir stellen den Rohstoffreichtum Sibiriens dar

Sibirien – das ist für viele eisige Kälte unendliche Weite der Taiga, der leere Osten Rußlands, ein menschenfeindliches Land, das man am besten den Wölfen und Tigern überläßt; Sibirien – damit verbindet mancher aber auch Abenteuer, unberührte Natur, Wildnis und vor allem einen ungeheuren Reichtum an Rohstoffen.

[1] Rußland bildet eine Brücke zwischen Europa und Asien. Welches Gebirge faßt man als Grenze zwischen dem europäischen und dem asiatischen Teil auf? **Ural**

[2] Die beiden Teile Rußlands unterscheiden sich sehr. Dies wollen wir mit Diagrammen verdeutlichen. Zeichne entsprechend dem vorgegebenen Beispiel Streifendiagramme zu den Zahlenangaben.

[3] Sibirien ist ein menschenleeres Land. Berechne mit dem Taschenrechner die Bevölkerungsdichte, indem du Einwohnerzahl durch die Fläche (in km²) dividierst. Runde deine Ergebnisse auf eine Stelle hinter dem Komma auf oder ab.

a) Europäischer Teil Rußlands: 138.000.000 Einwohner auf 4.600.000 km **30 Einw./km²**

b) Asiatischer Teil Rußlands: 10.000.000 Einwohner auf 12.500.000 km² **0,8 Einw./km²**

c) Jakutien (Republik Sacha): 1.100.000 Einwohner auf 3.103.000 km² **0,4 Einw./km²**

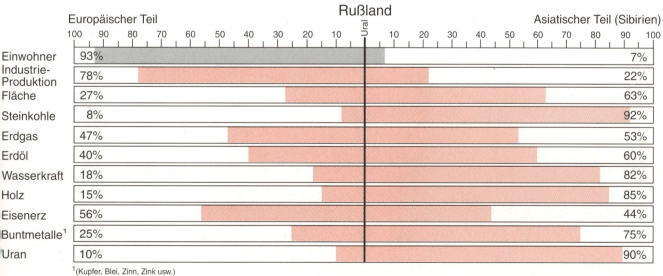

Wir erleben eine Reise mit der Transsibirischen Eisenbahn

① **14.10 Uhr:** Abfahrt im Bahnhof Jaroslawl der russischen Hauptstadt
MOSKAU (8.800.000 Einwohner)

② **1. Tag, 18.45 Uhr:** Ankunft in der bedeutenden Industriestadt an der Wolga
JAROSLAWL (640.000 Einwohner)

③ **2. Tag, 13.45 Uhr:** Der Zug erreicht das bedeutende Industrie- und Handelszentrum an der Kama, seit 1781 Stadt
PERM (1.100.000 Einwohner)

④ **2. Tag, am Nachmittag:** Der berühmte Obelisk auf der Paßhöhe des URALGEBIRGES mit der Aufschrift „Europa" auf der einen Seite und „Asien" auf der anderen Seite.

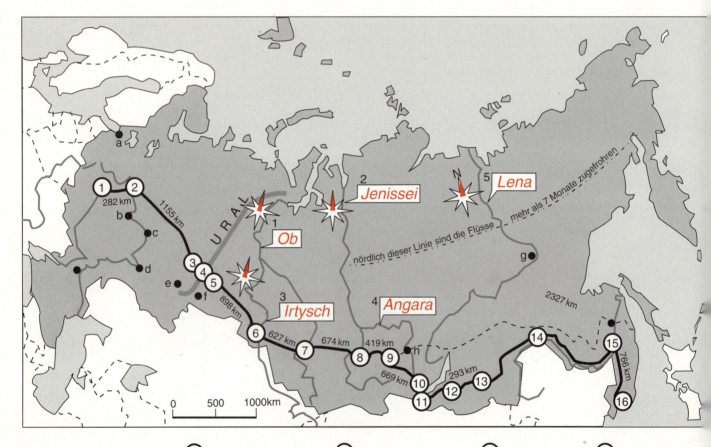

⑯ **8. Tag, 5.20 Uhr:** Ankunft am Pazifik nach 9297 km langer Fahrt und rund 160 Stunden Fahrzeit in einer 1860 gegründeten Kultur-, Handels- und Industriestadt.
WLADIWOSTOK (650.000 Einwohner)

⑮ **7. Tag, 15.57 Uhr:** Langer Aufenthalt in einer Industrie- und Hafenstadt an der Mündung des Ussuri in den Amur, 1858 entstanden
CHABAROWSK (610.000 Einwohner)

⑭ **6. Tag:** Städte werden immer seltener, der Zug fährt stundenlang durch dichte Wälder der
TAIGA

⑬ **5. Tag, 21.56 Uhr:** Eine weitere Industriestadt
TSCHITA (370.000 Einwohner)

a St. Petersburg
b Nischni Nowgorod
c Kasan
d Samara
e Ufa
f Tscheljabinsk
g Jakutsk
h Bratsk